GRACIAS
A TUS MALOS PADRES

GRACIAS

TUS MALOS PADRES

LECCIONES DE UNA INFANCIA DIFÍCIL

Richard Bach

VERGARA

Barcelona • Madrid • Bogotá • Buenos Aires • Caracas • México D.F. • Miami • Montevideo • Santiago de Chile

Título original: *Thank your Wicked Parents*
Traducción: Equipo Editorial de Ediciones B
1.ª edición: marzo 2012

© Richard Bach, 2012
© Ediciones B, S. A., 2012
    para el sello Vergara
    Consell de Cent 425-427 - 08009 Barcelona (España)
    www.edicionesb.com

Printed in Spain
ISBN: 978-84-15420-07-1
Depósito legal: B. 2.258-2012

Impreso por LIMPERGRAF, S.L.
Mogoda, 29-31 Polígon Can Salvatella
08210 - Barberà del Vallès (Barcelona)

*A los Malos Padres que han sido la causa
de que la casa se redujera a pedazos.
Porque sé que por cada cosa que se ha roto
hallarás una bendición.*

Prólogo

Querido lector, sin duda eres intrépido por haber abierto este libro pese a que su título parece decir «¡Cuidado!».

La razón por la que has cometido esta locura es que ya es tiempo de recordar que no existe un desastre que no venga acompañado por una bendición.

No, no existe.

Aun cuando hayamos sido niños indefensos a merced de padres de los que no recibimos una pizca de afecto y que, al mismo tiempo que nos hostigaron con abusos y humillaciones, nos dejaron lecciones que no imaginaron.

¿Quién determina si el desastre que hemos sufrido constituye una bendición?

Nosotros mismos.

¿Quién puede probar que es realmente así?

Nosotros.

Siempre ha sido así: podemos dejar que la injusticia nos destruya y convertirnos en víctimas de nuestras circunstancias, o podemos proponernos impedir que vuelva a suceder.

Jamás.

¿Cómo lo conseguimos?

Es simple y está dentro de nuestras posibilidades: basta con seguir el ejemplo de los niños que lo han hecho antes que nosotros. Esto es:

Elevando plegarias de gratitud, desafiantes, tenaces y continuas, hasta que el desastre se haya convertido en recuerdo.

A veces diremos nuestras plegarias entre dientes,

otras añadiremos una o dos maldiciones que nos harán sonreír ante nuestro coraje. Pero seguirán siendo plegarias, no pedidos temerosos sino afirmaciones triunfantes mientras nos vemos rodeados por el fuego.

Aquí encontrarás algunas plegarias de gratitud —sin los improperios— que durante siglos han cambiado las vidas de quienes decidieron que no serían destruidos.

Algunos padres nos vuelven locos, por ejemplo con sus juegos de palabras. Saben que «madre» significa «progenitor biológico» y al mismo tiempo «persona del sexo femenino que cuida, ama y protege a sus hijos». Qué puede decir un hijo, entonces, cuando es azotado hasta la inconciencia por su madre biológica, que le grita: «*¿Por qué no puedes amar a tu madre?*»

Vale la pena anotar una plegaria: «Gracias por tus azotes, que me hicieron comprender la riqueza de tu lenguaje.»

Es probable que tus hijos te recuerden un día otras plegarias que no has considerado. Y bendice el día en que esta plegaria forme parte de las suyas:

«Gracias por cuidarme cuando estaba indefenso y por hacerme ver siempre lo mejor de mí mismo, porque seré tu amigo para toda la vida.»

R. B.

Gracias por no tener en cuenta mi dolor,
porque he aprendido a desprenderme
de él.

Gracias por derribarme,
porque me has dado razones
para volar.

Gracias por no creer en mí,
porque he podido empezar a creer
en mí mismo.

Gracias por hacer mi vida infeliz,
porque me has enseñado
que yo mismo creo mi propia infelicidad
y mis propias alegrías.

Gracias por despreciar mi talento, porque he podido desarrollarlo siempre tal y como deseaba.

Gracias por tratarme como si fuese basura,
porque he logrado
comprender que soy un diamante.

Gracias por negarme,
porque de ese modo he aprendido
a aceptarme a mí mismo.

Gracias por golpearme,
porque nunca haré daño,
ni a mí mismo ni a otros.

Gracias por insultarme,
porque así he aprendido a redefinirme
con palabras más brillantes.

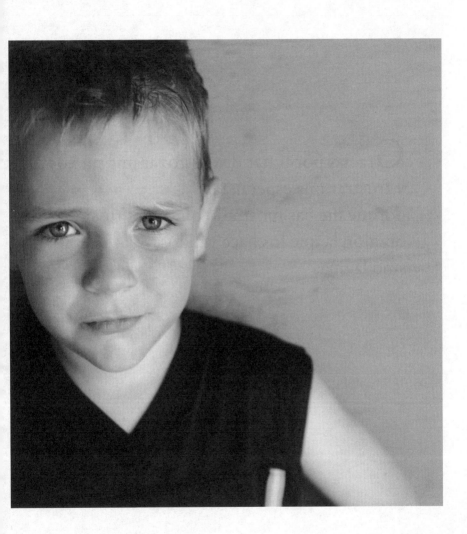

Gracias por tratar de destrozar mis sueños
y frustrar mis esperanzas,
porque me has mostrado que no es tu
opinión la que los hace válidos,
sino la mía.

Gracias por no estar allí para mí...
Ahora estoy aquí para mí mismo.

Gracias por no protegerme,
porque he aprendido a ponerme
de pie sin ayuda.

Gracias por no ser de fiar,
porque de esa manera he aprendido
que podía contar conmigo mismo.

Gracias por ser mezquino,
porque he aprendido a ser gentil.

Gracias por presionarme
para que profesara tu religión.
Al rechazarla he encontrado la mía.

Gracias por odiarme,
porque he aprendido a amar
al que soy y a quien puedo llegar a ser.

Gracias por avergonzarte de mí, porque he conseguido enorgullecerme de mí mismo.

Gracias por abusar de mí,
porque me trataré siempre
con respeto.

Gracias por abandonarme.
Me he encontrado a mí mismo
a lo largo del camino.

Gracias por despreciarme,
porque ahora puedo honrar
a la persona que he decidido ser.

Gracias por ridiculizarme,
porque ahora puedo valorar
lo que sé de mí mismo.

Gracias por desear que yo nunca
hubiera nacido,
porque valoro aún más
mi preciosa vida.

Gracias por que te molestara mi belleza. Ahora puedo compartirla con quienes la aprecian.

Gracias por menospreciarme,
porque he logrado encontrar la galaxia
de mi verdadero ser.

Gracias por temer mi bondad interior,
porque siempre podré amarla.

Gracias por romper las promesas
que me hiciste,
porque así he aprendido a cumplir
las que he hecho a otros.

Gracias por decirme que nunca llegaré
a nada, porque ahora soy libre
de convertirme en lo que quiera.

Gracias por ser la persona
que nunca he deseado ser,
porque me ha resultado más fácil
convertirme en tu opuesto.

Gracias por mentirme,
porque de ese modo he aprendido
a encontrar la verdad.

Gracias por gritarme,
porque hoy hablo con voz suave.

Gracias por mostrarme el caos,
porque ahora valoro el orden.

Gracias por tu cinismo,
porque ahora aprecio
y atesoro mis ideales.

Gracias por ignorar la belleza de vivir, porque he tenido la alegría de descubrirla por mí mismo.

Gracias por descuidarme,
porque he aprendido a cuidar de mí como
de algo muy especial.

Gracias por ignorar mis dones,
porque he logrado cultivarlos pese
a las dificultades.

Gracias por maldecirme,
porque así he aprendido a bendecir
a quien soy.

Gracias por no comunicarte conmigo, porque he aprendido a hablar con el corazón con las personas a las que amo.

Gracias por tu resentimiento,
porque he aprendido
lo que es la dulce gratitud.

Gracias por tus paredes,
porque ahora no temo vivir
abiertamente.

Gracias por no apoyarme,
porque he prosperado
por mí mismo.

Gracias por tu ira,
porque me has enseñado
que la ira es siempre temor,
y el temor es siempre temor
a la pérdida.

Gracias por tus quejas incesantes,
porque he aprendido a aceptar
las consecuencias de mis elecciones.

Gracias por tratar de hacerme
sentir culpable, porque nunca más
cambiaré de rumbo
para complacer a otro.

Gracias a ambos por vuestras peleas,
porque he aprendido a valorar
el respeto y la paz entre los miembros
de una pareja.

Gracias por mantenerte distante,
porque me he acercado
a mí mismo.

Gracias por enseñarme
lo que no es el amor,
para no buscarlo
donde no se lo puede hallar.

Gracias por no tener esperanzas
en tu futuro, porque tengo esperanzas
en el mío.

Gracias por esperar lo peor de mí,
porque ahora exijo lo mejor
de mí mismo.

Gracias por jugar sin control,
porque nunca malgastaré mis recursos
estúpidamente.

Gracias por no apoyar mis elecciones,
porque así he aprendido
a confiar en ellas.

Gracias por tratar de envenenar mi mente,
porque he aprendido a disolver
mis pensamientos destructivos.

Gracias por rechazar a mi pareja
y a mis hijos, porque los protegeré y cuidaré
con más dedicación todavía.

Gracias por negarme mi derecho
a la privacidad,
porque he aprendido
a valorarla y a respetar
la de los otros.

Gracias por llamarme anormal,
porque he aprendido que
mis diferencias son mis dones.

Gracias por rebajarme,
porque he aprendido
a ignorar los juicios
de valor de aquellos
a quienes no admiro.

Gracias por negarte a abandonar
tus adicciones, porque he conseguido
librarme de las mías.

Gracias por haber elegido destruirte,
porque he podido construirme
a mí mismo fuerte y brillante.

Gracias por ser racista,
porque he aprendido
a valorar el espíritu eterno
presente en todos los seres humanos
sin distinción.

Gracias por tratar de matarme,
porque he sobrevivido y nunca desearé
la violencia hacia otro ser humano.

Gracias por tolerar un matrimonio
abusivo, porque ahora sé lo que
un matrimonio amoroso no debe ser.

Gracias por llamarme mentiroso cuando dije la verdad, porque me ha dejado de importar lo que dicen otros.

Gracias por rechazarme,
porque he aprendido el valor
de mi verdadera familia y de los amigos
que me aman.

Gracias por hacerme lo que tus padres te hicieron, porque he logrado romper el ciclo con mis hijos.

Gracias por abusar de mí y atacarme
cuando estaba indefenso,
porque me has enseñado
que no puedo ser destruido
y a perdonar lo imperdonable.

Gracias por herir mis sentimientos,
porque he comprendido que no eres tú
sino yo quien los controla.

Gracias por elegir a una persona malvada para volver a casarte, porque de ella he aprendido lo que no pudiste enseñarme.

Gracias por haber deseado que yo fuera
de otro sexo, porque así he aprendido
a apreciar a los demás sin importar
si es hombre o mujer.

Gracias por despreciar mi inteligencia,
porque he podido valorarla
y usarla siempre.

Gracias por alejarme de tu marido
o tu mujer, porque he apreciado
el día en que hemos vuelto
a encontrarnos.

Gracias por desheredarme,
porque así he aprendido temprano
a ser independiente.

Gracias por secuestrarme,
porque me has hecho amar aún más
mi libertad.

Gracias por quitarme lo que era mío,
porque nunca quitaré a otros
lo que no ofrezcan libremente.

Gracias por engañar a tus amigos,
porque así seré honesto
con los míos.

Gracias por imponerme restricciones,
porque me niego a limitarme
a mí mismo o a otros.

Gracias por criarme sin guía,
porque he aprendido a guiarme
yo mismo.

Gracias por no perdonarme,
porque ahora puedo perdonarte
y perdonarme a mí mismo.

Gracias por no expresarme amor, porque ahora soy libre de expresárselo a otros.

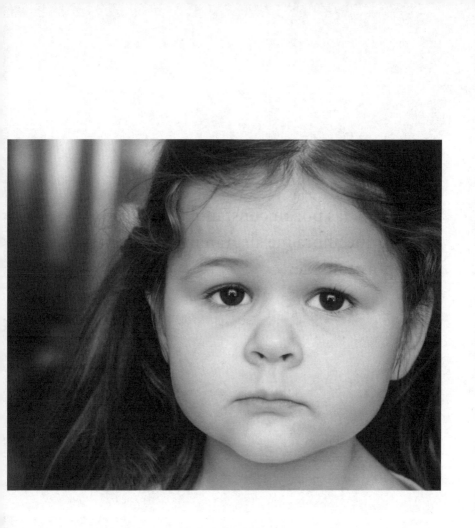

Gracias por tu constante infelicidad, porque ahora me alegran mis constantes oportunidades.

Gracias por pretender que yo te amara
a pesar de tu crueldad,
porque he aprendido
que no estoy obligado a cumplir
tus expectativas.

Gracias por dejar que las drogas
y el alcohol te mataran,
porque de ese modo he comprobado
que la autodestrucción
no es tan estupenda como decías.

Gracias por no compartir
lo que habías aprendido,
porque puedo dar
lo que he recibido de otros,
y empezar ahora mismo.

Epílogo

«El perdón —dijo un sabio amigo mío— es abandonar toda esperanza de un pasado mejor.»

¡Cómo una sola idea, palabras en el aire, puede cambiar nuestra vida! Él cambió la mía ese día. Su frase emergió del agua como una enorme orca, pulverizando mi ignorancia igual que blancas y minúsculas gotas de agua que lleva el viento.

No toca a los padres cambiar el pasado... Aunque quisieran hacerlo, no está en sus manos.

Sin embargo, está en las *mías*. ¡Puedo dejar ir el pasado!

Si la culpa nunca es nuestra, tampoco podemos responsabilizarnos. Si no podemos responsabilizarnos, siempre seremos sus víctimas.

Así que ¿cuál es el salto de la ballena de estas páginas?

Es este: en un abrir y cerrar de ojos podemos dejar de ser víctimas de nuestros padres, dejar de ser víctimas de cualquiera, si afirmamos que *nosotros* somos la causa, conciente o inconciente, de cuanto ocurre en nuestras vidas. Una vez que nos hacemos responsables, nos otorgamos a nosotros mismos la autoridad y el poder de cambiar lo que sea.

Quizás el título de este libro debió ser *Agradécete a ti mismo por tener el coraje de elegir unos padres que te han dado los desafíos que te forzaron a encontrar la fuerza que has usado para superar todas estas pruebas que has enfrentado, y todas las que has decidido enfrentar en tu camino.*

Al final de un libro, los títulos ya no importan. Agradecer a tus malvados padres no es pedir más crueldad o desear que la inflijan a otros. No nos cuesta nada, ¡nada!, dar las gracias, a ellos y a nosotros mismos, por nuestras lecciones y nuestro ayer.

Gracias a la generosidad de nuestro propio espíritu, mañana volaremos más alto de lo que hemos volado nunca.

R. B.

Plegarias de agradecimiento
que solo yo
puedo pronunciar:

Richard Bach es escritor y aviador. Ex piloto de las Fuerzas Aéreas de Estados Unidos, continúa pilotando aviones de su propiedad y participando en torneos de vuelo acrobático.

Juan Salvador Gaviota, su obra más célebre, más que un best seller es un verdadero fenómeno social. Su mensaje de libertad y autosuperación ha conquistado —y sigue haciéndolo— a varias generaciones de lectores. Se ha traducido a más de treinta idiomas y lleva vendidos más de treinta millones de ejemplares.

Entre sus otros libros se cuentan *El puente hacia el infinito*, *Ilusiones*, *Uno*, *El manual del mesías*, *El don de volar*, *Ajeno a la Tierra*, *Al otro lado del tiempo*, *Alas para vivir* y *Vuela conmigo*.

Foto: Sabryna Bach.

OTROS TÍTULOS DEL AUTOR

Juan Salvador Gaviota

Hay quien obedece sus propias reglas porque se sabe en lo cierto; quien expresa un especial placer en hacer algo bien; quien adivina algo más que lo que sus ojos ven; quien prefiere volar a comprar y comer. Todos ellos harán amistad duradera con Juan Salvador Gaviota.

Habrá también quienes volarán con Juan Gaviota por lugares de encanto y aventura, y gozarán como él de una luminosa libertad. Para unos y otros será una experiencia que jamás olvidarán.

Ésta es una extraordinaria fábula cuyo mensaje universal ha calado hondo en varias generaciones. Un libro que aún sigue siendo imitado, con lo que se enfatiza, todavía más, la fuerza y autenticidad del original.

Vuela conmigo

Jamie es instructor de vuelo. Un día se enfrenta a un desafío poco común: deberá explicar por radio a una mujer, cuyo marido está inconsciente, cómo hacer aterrizar la avioneta en la que viajan.

Tras lograrlo, Jamie seguirá viaje como si tal cosa, sin sospechar que se halla a las puertas de una aventura inimaginable que lo llevará a resolver el mayor de los misterios: el modo en que cada uno de nosotros crea, paso a paso, el mundo que nos rodea.

Richard Bach es autor de uno de los mayores éxitos literarios de todos los tiempos: *Juan Salvador Gaviota*.

Vuela conmigo es su primera novela en diez años: un acontecimiento editorial de primer orden y un libro llamado a convertirse en un clásico.

Ilusiones

En el espacio aéreo sin nubes que se extiende entre los campos de maíz de Illinois y el azul infinito, un hombre deposita su fe en la hélice de su biplano. Para ese piloto, la fe es tan real como un depósito lleno de gasolina y las chispas que saltan de los cilindros... hasta que se encuentra con Donald Shimoda, un antiguo mecánico que se define como un mesías y es capaz de lograr que las penas desaparezcan y que la imaginación remonte el vuelo. En *Ilusiones* descubrimos las verdades atemporales que dan alas a nuestras almas: que la gente no necesita máquinas voladoras para levantar vuelo, que incluso las nubes más oscuras tienen un sentido cuando nos levantamos por encima de ellas y que los mesías pueden encontrarse en lugares tan insospechados como un campo de heno, un pueblo perdido en medio de la llanura o, sobre todo, en lo más hondo de nosotros mismos.

Biografías